I0815585

Los asombrosos ojos de los animales

Grace Hansen

Abdo
ASOMBROSAS CARACTERÍSTICAS DE LOS ANIMALES
Kids

Abdo Kids Jumbo es una subdivisión de Abdo Kids
abdobooks.com

abdobooks.com

Published by Abdo Kids, a division of ABDO, P.O. Box 398166, Minneapolis, Minnesota 55439.

Abdo Kids Jumbo™ is a trademark and logo of Abdo Kids.

Printed in China

102025

012026

Spanish Translator: Maria Puchol

Photo Credits: Getty Images, Minden Pictures, Shutterstock

Production Contributors: Teddy Borth, Jennie Forsberg, Grace Hansen
Design Contributors: Candice Keimig, Pakou Moua

Library of Congress Control Number: 2025941965

Publisher's Cataloging-in-Publication Data

Names: Hansen, Grace, author.

Title: Los asombrosos ojos de los animales/ by Grace Hansen

Other title: Different eyes of animals. Spanish

Description: Minneapolis, Minnesota: Abdo Kids, 2026. | Series: Asombrosas características de los animales | Includes online resources and index.

Identifiers: ISBN 9798384908777 (lib.bdg.) | ISBN 9798384909354 (ebook)

Subjects: LCSH: Animals--Juvenile literature. | Body composition--Juvenile literature. | Eye--Juvenile literature. | Zoology--Juvenile literature. | Spanish Language Materials--Juvenile literature.

Classification: DDC 591.1--dc23

Contenido

Las diferentes formas de ojos de los animales

En el reino animal hay muchos tipos de ojos diferentes. ¡La forma de las **pupilas** ayuda a ciertos animales a sobrevivir!

Pupilas redondas

Los animales **depredadores** grandes que cazan durante el día a menudo tienen las **pupilas** redondas. Su **campo visual** no es amplio. Está limitado ya que estos depredadores apuntan directamente con la cabeza a su **presa**.

Pupilas en vertical

Los **depredadores** que cazan al nivel del suelo tienen normalmente **pupilas** en vertical.

Algunos animales como los zorros o los cocodrilos utilizan la **emboscada** para cazar su **presa**. Las **pupilas** en vertical les ayudan en las distancias cortas antes de atacar.

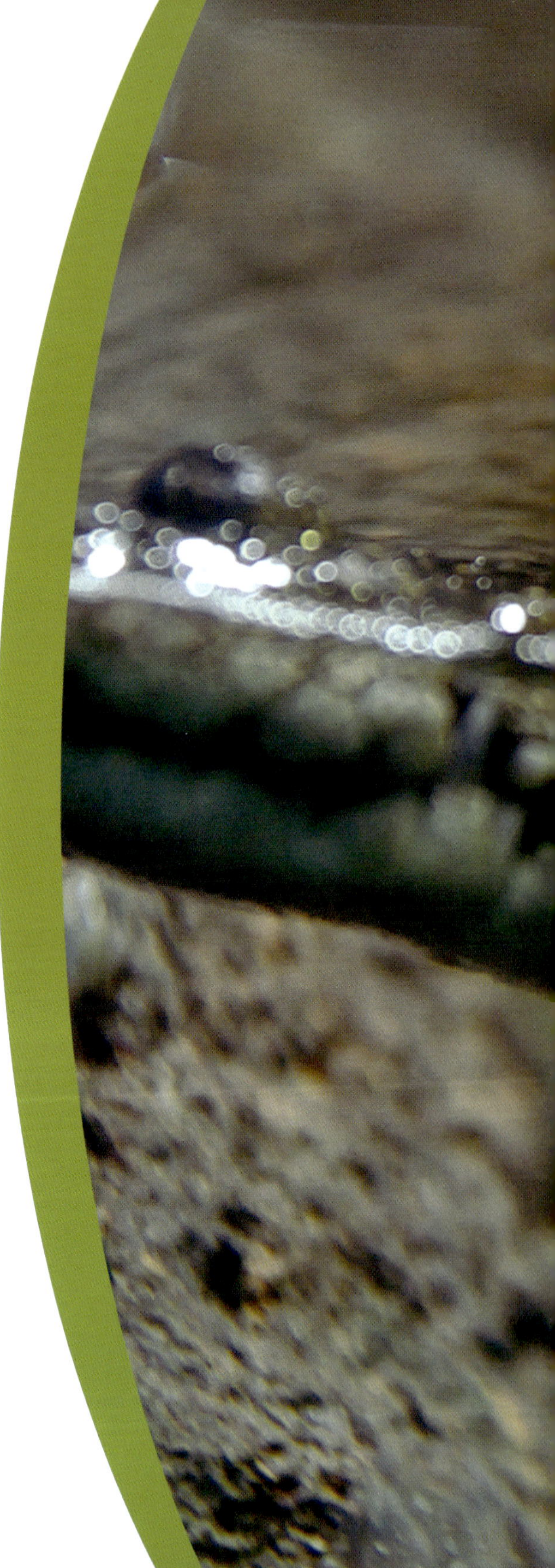

Pupilas en horizontal

Las **pupilas** horizontales son comunes entre los animales que son **presa**. Las cabras, los caballos y las ovejas tienen este tipo de pupilas.

Estos animales pueden ver tanto por delante como por detrás de su cuerpo. Así detectan fácilmente el peligro mientras **pastan**. Incluso sus ojos pueden enfocarse claramente cuando huyen.

Otros tipos de pupila

Algunos animales submarinos tienen **pupilas** en forma de media luna. Entre ellos están los delfines, las rayas y los siluros.

Las **pupilas** en forma de media luna ayudan a los animales a ver bien bajo el agua. Estas pupilas proporcionan un amplio **campo visual**, que les sirve para evitar peligros y para encontrar comida.

Entre especies de ranas y sapos hay una gran variedad de tipos de **pupilas**. Algunas formas dejan pasar más luz, incluso les permiten ver distintos colores.

¡Más ojos!

la abeja

la araña saltarina

el camaleón

el cangrejo

la langosta mantis

la libélula

Glosario

depredador – animal que caza otros animales para comérselos.

emboscada – ataque sorpresa desde un lugar escondido.

pastar – alimentarse de pasto.

presa – animal que es cazado para ser comido por otro animal.

pupila – pequeña abertura oscura en el centro del ojo por donde le entra la luz al ojo.

visual – amplitud de la visión, zona abierta que puede verse a través de los ojos.

Índice